Thomas Morper

# Hybride Kraft- und Positionsregelung

GRIN Verlag

**Bibliografische Information der Deutschen Nationalbibliothek:**

Die Deutsche Bibliothek verzeichnet diese Publikation in der Deutschen National-
bibliografie; detaillierte bibliografische Daten sind im Internet über http://dnb.d-
nb.de/ abrufbar.

**Impressum:**

Copyright © 2004 GRIN Verlag GmbH
Druck und Bindung: Books on Demand GmbH, Norderstedt Germany
ISBN: 978-3-640-38027-5

**Dieses Buch bei GRIN:**

http://www.grin.com/de/e-book/129746/hybride-kraft-und-positionsregelung

**GRIN - Your knowledge has value**

Der GRIN Verlag publiziert seit 1998 wissenschaftliche Arbeiten von Studenten, Hochschullehrern und anderen Akademikern als eBook und gedrucktes Buch. Die Verlagswebsite www.grin.com ist die ideale Plattform zur Veröffentlichung von Hausarbeiten, Abschlussarbeiten, wissenschaftlichen Aufsätzen, Dissertationen und Fachbüchern.

**Besuchen Sie uns im Internet:**

http://www.grin.com/

http://www.facebook.com/grincom

http://www.twitter.com/grin_com

# Hybride Kraft- und Positionsregelung

## Thomas Morper

*In dieser Seminararbeit geht es um die Einführung in die hybride Kraft- und Positionsregelung, einer Robotersteuerung bei der sowohl die Position des Roboterarms bzw. des Effektors als auch die ausgeübten Kräfte eine Rolle spielen (anstatt wie sonst üblich nur einer der beiden Faktoren).*

*Zuerst gibt es eine generelle Einführung in den Aufbau einer Steuerung eines Roboters und welche verschiedenen Techniken dafür in der Praxis eine Bedeutung erlangt haben.*

*Es folgen Ausführungen zu den verschiedenen Möglichkeiten der Kombination von Kraft- und Lageregelung - neben der Möglichkeit einer passiven Nachgiebigkeit des Roboters 3 verschiedene aktive Regelungen.*

*Zum Abschluss wird eine Projektarbeit der Universität Kaiserslautern vorgestellt, in der an einem käuflich zu erwerbenden Standard-Roboters eine Hybridregelung implementiert wurde.*

# 1. Grundlagen der Robotersteuerung

## 1.1 Steuerung

Mit dem Begriff der Steuerung bezeichnet man die einfachstmögliche Ansteuerung eines Gerätes. Die Steuerung gibt an das Gerät einen Wert wie es sich bewegen soll, es findet aber keine weitere Kontrolle statt ob sich das Gerät tatsächlich so bewegt hat wie es vorgesehen war.

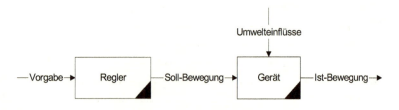

*Abbildung 1: Blockschaltbild einer Steuerung*

Tatsächlich kann sich das Gerät durch äußere Einflüsse ganz anders bewegt haben ohne dass dieser Fehler von der Steuerung korrigiert werden könnte.

## 1.2 Reglung

Unter einer Regelung versteht man eine Steuerung, die um Sensoren am Gerät sowie eine Rückkopplung mit der Steuerelektronik erweitert wurde. „Die Regelung verarbeitet dabei aktuelle Zustände des Robotersystems und der Umgebung, die mit Mess- und Sensorsystemen erfasst werden" (/01/)

An den Gelenken oder sonstigen beweglichen Teilen eines Gerätes oder Roboters sind Sensoren angebracht, die den aktuellen Ist-Status des Gelenkes messen und über die Rückkopplung an die Steuerelektronik zurückmelden.

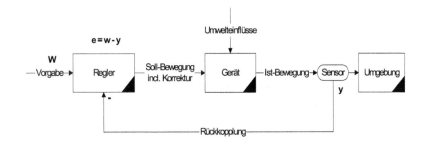

*Abbildung 2: Blockschaltbild einer Regelung*

Die Steuerelektronik vergleicht die gemeldeten Ist-Daten mit den vorher ausgegebenen Soll-Daten, berechnet die durch äußere Einflüsse entstandenen Abweichungen, und gibt neue Soll-Daten an die Gelenke um die Ursprünglich gewünschte Position zu erreichen.

Dabei gibt es verschiedenen Möglichkeiten der Nachregulierung: Möglich ist z. B. dass die Steuerung versucht in einem Schritt auf die eigentliche Soll-Position zu kommen. Dies kann jedoch häufig zur Überregelung und zum Schwingen des Gelenkes führen. Eine andere Möglichkeit wäre den Fehler in mehreren kleinen Schritten zu korrigieren, was allerdings in der Regeln eine länger Zeitspanne in Anspruch nimmt.

Häufig wird für die Regelung ein sog. PID-Regler mit folgender Gleichung verwendet:

Diese Gleichung besteht aus einem Linearteil, einem Integralteil und einem Differenzialteil:
• Der Linearteil der Gleichung sorgt dafür dass die Korrektur größer wird je höher die

3

$$u\ t = k_p\ e\ t\ \ k_i\!\int_0^{} e\ t\ dt\ \ k_d\frac{e\ t}{dt}$$

Abweichung ist.

• Der Integralteil der Gleichung sorgt dafür dass die Korrektur größer wird je länger die Abweichung bestand hat.

• Der Differentialteil der Gleichung sorgt dafür dass die Korrektur größer wird je schneller die Abweichung zu Stande kommt.

Jeder dieser 3 Teile ist mit einem multiplikativen Parameter versehen der für jedes System individuell bestimmt werden muss.

### 1.3 Positions-/Lageregelung

„Bei der Lageregelung soll der Effektor [Greifer, Bearbeitungswerkzeug, etc.] unabhängig von ausgeübten Bearbeitungskräften und aufgenommenen Lasten, die Regelungstechnisch als Störung aufgefasst werden, ein definiertes Bewegungsverhalten annehmen". (/01/) Dem Roboter wird also von der Steuerung ein genauer Zielpunkt vorgegeben den der Roboter anfahren soll. Durch eine Sensoreinrichtung wird die Position ständig kontrolliert und ggf. korrigiert.

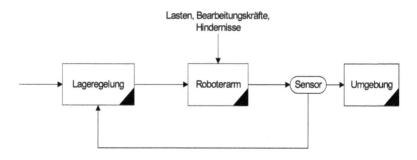

*Abbildung 3: Blockschaltbild einer Positionsregelung*

Ein Problem stellt hierbei die Tatsache dar dass bei den meisten Robotern mit Lageregelung der Zustand der einzelnen Gelenke überwacht wird. Aufgrund z. B. von sich unter größeren Lasten biegenden Armteilen kann, trotz der Überwachung der einzelnen Gelenke, aber dennoch nicht zweifelsfrei auf die Position des Effektors geschlossen werden – auch wenn diese Tatsache in der Praxis meist ignoriert wird.

Ein Ausweg stellt hier die kartesische Lageregelung dar. Hierbei wird nicht der Zustand der einzelnen Gelenke überwacht, sondern die Position des Effektors. Dazu ist allerdings ein entsprechendes Vermessungssystem (z. B. Kamera oder 3D-Scanner) nötig. Leider sind viele dieser Sensoren auch nicht genauer und stellen die Messwerte wegen relativ hoher Verarbeitungszeiten nur verzögert zur Verfügung.

Die Steuereinheit des Roboters berechnet die Bewegungen des Roboters dann im kartesischen Koordinatensystem, diese berechnete Gesamtbewegung des Roboters wird dann mit Hilfe einer inversen Jacobi-Matrix auf Steuerbefehle für die einzelnen Gelenke umgerechnet.

Das Problem bei der Lageregelung ist dass die Umgebung des Roboters genau bekannt sein muss um einen kollisionsfreien Bewegungsablauf planen zu können. Des weiteren muss die exakte Position des zu greifenden / bearbeitenden Gegenstandes / Werkstückes bekannt sein um eine Beschädigung oder gar die Zerstörung dieses Gegenstandes zu verhindern.

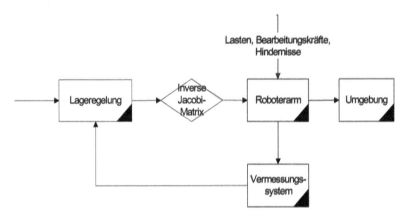

*Abbildung 4: Blockschaltbild einer kartesischen Lageregelung*

## 1.4 Kraftregelung

Bei der Kraftregelung wird nicht die genaue Bewegung des Roboters von der Steuerung vorgegeben, sondern die Kraft mit der dieser auf seine Umgebung einwirkt. Eine Beschädigung von Gegenständen kann bei dieser Steuerungsart ganz einfach dadurch verhindert werden, dass der Roboter automatisch angehalten wird oder eine Rückwärtsbewegung macht sobald seine Kraftsensoren einen Widerstand registrieren der über einem vorgegebenen Maximum liegt.

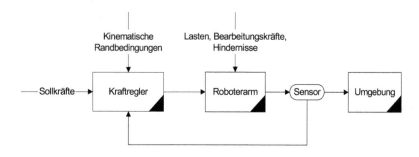

*Abbildung 5: Blockschaltbild einer Kraftregelung*

Allerdings ist es nicht möglich mit einem rein kraftgeregelten Roboter anspruchsvollere Bewegungsabläufe zu steuern. Ursache hierfür ist dass eine Kraftgeregelte Bewegung nur möglich ist wenn eine Bewegung senkrecht zu einer Oberfläche stattfindet - Bewegungen die tangential zu einer Oberfläche stattfinden sind über eine Kraftregelung nicht zu kontrollieren.

Die Erklärung hierfür ist leicht verständlich: Nehmen wir an wir würden für einen Roboter, der sich in einem leeren Raum entlang einer einzigen Bewegungsrichtung bewegen soll, eine Kraftregelung für dessen Fahrbewegung implementieren und den Roboter dann anweisen mit einer Kraft von 20 Newton nach vorne zu fahren. Der Roboter würde zuerst beschleunigen um zu versuchen diese 20 Newton Krafteinwirkung an der entsprechenden Kraftmessdose zu erreichen.

Da im freien Raum aber nichts da ist was gegen diese Kraftmessdose drückt würde diese weiterhin 0 N zurückmelden und die Regelung des Roboters immer weiter beschleunigen um die geforderten 20N zu erreichen. Das ganze würde immer weitergehen und dazu führen dass der Roboter irgendwann am Ende des Raumes angelangt, dort mit hoher Geschwindigkeit gegen die Mauer stößt und sich dadurch mit hoher Wahrscheinlichkeit schwer beschädigt.

Bei einer gleichzeitigen reinen Kraftregelung von mehreren Koordinatenachsen würde sich der Roboter einfach nur wild umherbewegen.

6

Diese Tatsache dass eine reine Kraftregelung für praktische Aufgaben ungeeignet ist führt dazu dass man versucht eine Hybride Kraft- und Positionsregelung zu implementieren.

**1.5 Nullkraftregelung**

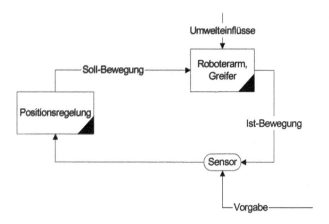

*Abbildung 6: Blockschaltbild einer Nullkraftregelung*

Eine weitere - besonders bei Humanoiden Robotern benötigte - Regelungsmögichkeit stellt die Nullkraftregelung dar. Hierbei sind an verschiedenen Stellen des Roboters Sensoren angebracht. Sobald die Steuereinheit des Roboters an diesen Sensoren einen Druck registriert wird sie eine Bewegung einleiten um dieser Kraft auszuweichen.

Durch die Nullkraftregelung ist es z. B. möglich dass ein „menschlicher Partner den Roboterarm manuell an eine von Ihm gewünschte Position führt" (/02/).

# 2. Passive Nachgiebigkeit

Eine sehr einfache Möglichkeit einen Kraftgeregelten Roboterarm mit einer gewissen „Feinfühligkeit" auszustatten stellt die Passive Nachgiebigkeit dar. Hierzu wird der Roboter Beispielsweise mit nachgiebigen Gelenken ausgerüstet oder der Greifer wird am Arm nicht fest verschraubt sondern auf Federn gelagert (/03/).

Die Vorteile gegenüber einer echt kraftgeregelten Steuerung liegen vor allem in der Einfachheit: Für die Passive Nachgiebigkeit ist überhaupt kein Berechnungsaufwand nötig, weshalb der Bewegungsablauf des Roboters auch deutlich schneller geht.

In einigen Anwendungsfällen reicht dieses Verfahren auch vollkommen aus. Wenn z. b. die maximale Abweichung der Position eines Gegenstandes bekannt ist kann man die gefederte Lagerung des Greifers so auslegen dass der Greifer den Gegenstand mit Der Feder in Ruheposition erreicht wenn dieser am maximal entferntesten Punkt steht und mit vollkommen zusammengestauchter Feder wenn der Gegenstand in der nähest möglichen Position zum Roboterarm steht.

*Abbildung 7: Mögliche Extrempositionen bei passiver Nachgiebigkeit*

Leider klingt das Verfahren der passiven Nachgiebigkeit in der Theorie schön, bringt aber - auch wenn es durchaus sinnvolle Anwendungsfälle gibt - bei den meisten Problemstellungen keine brauchbare Problemlösung.

Zum einen hilft die passive Nachgiebigkeit nur in einem begrenztem Toleranzbereich. Steht der zu greifende Gegenstand weit vor dem angenommenen Bereich wird der Greifer ihn genauso beschädigen oder gar zerstören wie wenn überhaupt keine Nachgiebigkeit im Greifarm vorgesehen wäre.

Ein weiteres Problem stellt die Schwingung der Feder dar. Wenn die Feder beim aufnehmen des Gegenstandes einfedert wird sie spätestens beim anheben des Armes wieder in ihre Ruheposition zurückschwingen - leider sind diese Schwingungen aber nicht ohne weiteres in der Regelung des Armes zu berechnen (vor allem auch weil ja keinerlei Informationen vorliegen ob und wenn ja wie weit die Feder eingerückt wurde), und somit ist auch nicht genau vorherzusehen in welcher Position der Greifer sich beim nächsten Absetzen genau befindet.

# 3. Hybridsteuerung

Wie oben schon erwähnt ist eine reine Kraftregelung für komplexere Aufgabenstellungen nicht möglich. Kraftregler werden daher „typischerweise mit Positons- oder Geschwindigkeitsregelkreisen verknüpft" (/01/). „Man unterscheidet dabei zwischen Bewegungsfreiheitsgraden die tangential zur Oberfläche liegen, und Kraftfreiheitsgraden, die senkrecht zur Oberfläche des Werkstückes sind." (/01/). Für die Kombination der Kraft- und Bewegungsfreiheitsgrade gibt es in der Literatur verschiedene Möglichkeiten die hier im Einzelnen vorgestellt werden sollen.

### 3.1 unterlagerte Kartesische Regelung

Die erste Möglichkeit für die Kombination von Kraft- und Positionskontrolle stellt die Einbettung einer kartesischen Lageregelung in eine Kraftkontrolle dar.

Dieses Vorgehen stellt eine relativ einfache Einbindung der Kraftkontrolle dar da die Krafteinflüsse lediglich dazu verwendet werden die Eingabeparameter der kartesischen Lagekontrolle zu verändern.

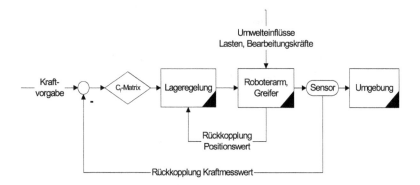

*Abbildung 8: Blockschaltbild einer Kraftregelung mit untergelagerter kartesischer Lageregelung*

Neben der Bewegungsvorgabe erhält der Roboter außerdem eine Vorgabe über die maximal zulässigen Kräfte als Eingabe. Über einen möglichst direkt am Effektor oder zumindest in der

Nähe es Effektors angebrachten Kraftsensor wird die derzeit tatsächlich einwirkende Kraft gemessen und mit dieser Vorgabe verglichen.

Die aus diesem Vergleich resultierenden Abweichungen werden in die Steifigkeitsmatrix $C_F$ abgebildet und fließen über diese in die Legeregelung ein.

Die unter diese Kraftregelung gelagerte kartesische Lageregelung hat dann die Aufgabe diese Abweichungen in neue Koordinaten umzurechnen zu denen sich der Roboter bzw. sein Effektor bewegen soll.

Die Steifigkeitsmatrix $C_F$ hat nur Einträge für Freiheitsgrade „bei denen der Industrieroboter in Kraftschluß mit der Umgebung ist." (/01/) Die anderen Freiheitsgrade finden hier keine Beachtung sondern werden ausschließlich durch die untergelagerte kartesische Regelung gesteuert.

Als leichte Abwandlung der Kraftregelung mit unterlagerter kartesischer Lageregelung wird in der Literatur auch eine Kraftregelung mit unterlagerter Geschwindigkeitsregelung aufgeführt, diese ist jedoch eng mit der hier vorgestellten Regelung verwandt und wir daher nicht gesondert aufgeführt.

## 3.2 parallele Kraft-/Positionskontrolle

Die in der Literatur als „parallele Kraft- und Positionskontolle" bezeichnete Möglichkeit der Kombination von kraft und Lageregelung stellt eine Abwandlung der soeben vorgestellten Kraftregelung mit untergelagerter kartesischer Legeregelung dar.

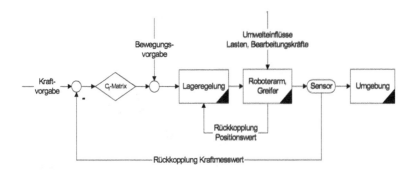

*Abbildung 9: Blockschaltbild einer parallelen Kraft-/Positionsregelung*

Hierbei wird der in die kartesische Lageregelung „eingehende Sollvektor von einer Kraftregelung modifiziert" (/01/). Bei einer freien Bewegung im Raum ohne Berührung/Kontakt eines Gegenstands oder Hindernisses ist der „entsprechende Kraftsollwert und die gemessene Kraft gleich 0" (/01/), somit hat nur die Lageregelung Einfluss auf die aktuelle Bewegung des Roboters.

Bei einem Kraftschluss durch Berührung eines Hindernisses oder zu bearbeitenden Werkstückes „hingegen wir der kartesische Positionswert konstant bleiben und die Kraftregelung verändert den Sollwert der Lageregelung, so dass sich die gewünschte Kraft bzw. das Drehmoment aufbauen kann". (/01/)

### 3.3 Hybridregelung

Während bei den letzten beiden Verfahren Kraft- und Positionskontrolle abhängig voneinander waren existieren bei der als „Hybrider Kraft-/Lageregelung" bezeichneten Regelmöglichkeit 2 voneinander unabhängige Regelkreise (je einer für Kraft- und Lageregelung).

11

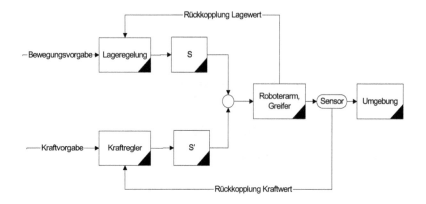

*Abbildung 10: Blockschaltbild einer Hybriden Kraft- und Positionskontrolle*

Über zwei Auswahlmatrizen S und S' (Diagonalmatrizen mit je einem Eintrag pro Frei-heitsgrad des Roboters) wird für jeden Freiheitsgrad ausgewählt ob er derzeit von der kartesischen Lageregelung oder von der Kraftregelung gesteuert werden soll. Jeder Frei-heitsgrad kann somit situationsbedingt entweder Kraft- oder Lagegeregelt werden. Allerdings treten in er Praxis teilweise Beschränkungen auf dass z. B. nur eine gewisse Anzahl von Freiheitsgraden gleichzeitig Kraftgesteuert werden können.

# 4. Beispiel für eine Hybridregelung

Als ein Beispiel für eine Hybride Kraft- und Positionskontrolle nach dem Prinzip aus 3.3.möchte ich hier die Projektarbeit „Kraftgeregelte Grobbewegungen" von Thomas Göhlert (/03/) vorstellen.

Hier wurde für einen käuflichen Industrieroboter (RX130 der Firma Stäbli) eine auf den Prinzipien der Hybridregelung basierende Kraftregelung entwickelt und implementiert bei der ein Roboter einen Gegenstand über eine unebene Fläche bewegt. Die Z-Achse (=Hochachse) wird dabei Kraftgesteuert. Die Kraftsteuerung halt somit zur Aufgabe Hindernissen nach oben auszuweichen.

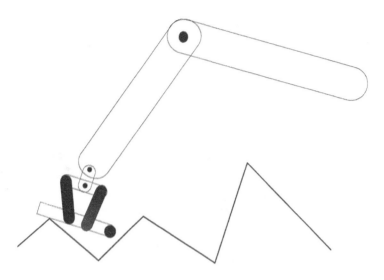

*Abbildung 11: Gegenstand wird über unebene Fläche bewegt*

## 4.1 Sensordatenfilterung

Ein erstes Problem bei der Implementierung stellte hier die Filterung der Sensordaten dar. Hinter dem Greifer ist ein Kraft-Momenten-Sensor montiert. Die Daten die dieser liefert sind allerdings stark verrauscht. „Da die Zielkraftabweichung mindestens so groß ist wie das Rauschintervall der zur Verfügung stehenden Sensorwerte" ist die „Sensordatenverarbeitung einer der wichtigsten Teile einer erfolgreichen Regelungsimplementierung" (/03/).

Das Problem ist hier nicht unbedingt die Filterung der Daten an sich - gute Filteralgorithmen sind bekannt und in der Steuerung des verwendeten Roboters auch bereits implementiert - sondern die Geschwindigkeit mit der diese gefiltert werden müssen.

Eine gute Filterung benötigt leider mehr Zeit als es hier für den Anwendungsfall akzeptabel ist. Besonders bei der Bearbeitung von teuren Werkstücken oder bei Humanoiden Roboter die in Interaktion mit Menschen treten ist bei zu hohen Kräften eine möglichst schelle Korrektur unbedingt nötig um zerstörte Werkstücke oder Verletzungen bei Menschen (zu fester „Händedruck", etc.) zu vermeiden.

Aus diesem Grund musste hier experimentell ein Kompromiss gefunden werden der eine ausreichende Filterung der Daten sicherstellt, gleichzeitig aber diese Aufgabe in einer akzeptabel kurzen Zeit erledigt.

## 4.2 Regelungsparameter

Um diese Regelungsparameter (vgl. 1.2.) zu bestimmen gibt es zwei Möglichkeiten: Zum einen die Berechnung, zum anderen die experimentelle Bestimmung. Zur Berechnung „muss aber das gesamte System exakt bekannt sein und durch Differentialgleichungen beschrieben sein" (/03/). Da in diesem Projekt jedoch Wert darauf gelegt wurde die Steuerung in verschiedenen (unbekannten) Umgebungen einsetzen zu können wurde der zweite Weg gewählt und die Konstanten experimentell bestimmt.

Allerdings ist der experimentelle Ansatz problematisch. Die Algorithmen müssen getestet werden und alleine durch die oben schon beschriebenen Probleme bei der Sensordatenfilterung die Exaktheit der Konstanten nicht mal in der getesteten Umgebung sichergestellt werden können, von einer Allgemeingültigkeit ganz abgesehen.

## 4.3 Bewegungszerlegung

Optimal wäre ein Bewegungsablauf bei dem vom Startpunkt der Endpunkt direkt angefahren wird und bei Bedarf während der Bewegung nachjustiert wird. Leider hat der für dieses Projekt verwendete Roboter keine Möglichkeit zur Verfügung gestellt während einer laufenden Bewegung eine Kurskorrektur auszuführen. Die einzige Möglichkeit wäre ein komplettes Anhalten des Roboters und anschließendes anfahren des Endpunktes auf einer neuer Bahn. Aus Performance-Gründen ist dies jedoch abzulehnen.

Aus diesem Problem resultiert die Notwendigkeit die Bewegung vom Start- zum Endpunkt in mehrere kleine Intervalle zu zerlegen. Kurz vor Ende des Intervalls wird aus den aktuellen Sensorwerten und der aktuellen Position ein neuer Kurs berechnet und dem Roboter rechtzeitig mitgeteilt so dass es zu einem nahezu flüssigen Bewegungsablauf kommen kann. Ein kompletter Stop des Roboters kann hier zwar im Extremfall auch passieren, ist jedoch deutlich unwahrscheinlicher.

Hier stellt sich natürlich die Frage nach der optimalen Intervallgröße. Eine Intervallgröße möglichst nah bei 0mm wäre dahingehend optimal da auf Sensorwerte unmittelbar reagiert werden kann und ein kompletter Stop des Roboters in der Regel nicht mehr vorkommen sollte. Andererseits steigt der Zeitaufwand für die Wegstrecke bei einer sehr kleinen Intervallgröße durch die Häufige Änderung des Bewegungsablaufes auch stark an so dass experimentell ein Kompromiss gefunden werden muss.

## 4.4 Realisierung

Um die Hybridsteuerung des Roboters zu Implementieren wurden 3 verschiedene Algorithmen – die sich in der Art und Weise wie sie die bei zu hohen auftretenden Kräften die Bewegung des Roboters nachregulieren unterscheiden - programmiert und auf ihre Performance hin getestet.

Realisiert werden musste hierfür der untere (Kraftregelung) und mittlere Teil (Kombination der Kraft- und Lageregelung) der Steuerung die in Abbildung 10 schematisch dargestellt wurde. Die Lageregelung ist in der Steuerung des verwendeten Roboters bereits „komplett in der Steuerung implementiert" (/03/)

Der erste Algorithmus verfolgt den Ansatz das „nach einer inakzeptablen Kraftabweichung sofort in die zu überwachende Richtung gegenreguliert wird" (/03/). In den anderen beiden Algorithmen wird bei einer Überschreitung der Sollkraft allmählich gegenreguliert, was in der Theorie schneller sein sollte, durch die dafür nötige Bewegungszerlegung (siehe 4.3.) aber ausgebremst wird.

Zum testen und vergleichen der Algorithmen wurde eine Versuchsanordnung aufgebaut bei welcher der Roboterarm mit dem Greifer einen flexiblen Schlauch über eine in einem Winkel von 0°, 5° und 10° angestellte ebene Holzplatte bewegen muss.

### 4.4.1 Algorithmus 1

Der erste Algorithmus fährt das Ziel ohne Zerlegung der Wegstrecke direkt an. Sobald die Steuerung des Roboters über einen Kraftsensor Kräfte realisiert die außerhalb des zulässigen Intervalls liegen, so stoppt sie den Roboter, startet eine Ausgleichsbewegung. Diese Ausgleichsbewegung dauert so lange an bis die einwirkenden Kräfte wieder einen akzeptablen Wert angenommen haben. Nach beenden der Ausgleichsbewegung wird die Bewegung in Richtung Endpunkt der Wegstrecke wieder aufgenommen.

Dieser Algorithmus erfordert für eine Zeitoptimale Bewegung zum Endpunkt einer Wegstrecke optimale äußere Bedingungen. Wenn keine zu hohen Kräfte auftreten kann der Roboter ohne Regelungsunterbrechung das Ziel mit optimaler Geschwindigkeit direkt anfahren.

Um so problematischer wird es sobald die äußeren Bedingungen nicht mehr optimal sind. In diesem Fall muss der Roboter zur Korrektur der Bewegung unter Umständen sehr häufig komplett stoppen, es kommt dadurch zu starken Verzögerungen die die Ausführungszeit der Gesamtbewegung sehr verschlechtern.

### 4.4.2 Algorithmus 2

Beim zweiten Algorithmus wird die Wegstrecke zum Ziel in kleine Teilstrecken zerlegt. Auf dem Weg zum nächsten Zwischenziel sammelt die Robotersteuerung Kraftmesswerte, filtert diese und berechnet aus ihnen den Weg zum nächsten Zwischenziel. Bei der oben beschriebenen Testanordnung bedeutet dies dass die Steuerung regelmäßig einen Winkel $\alpha$ neu berechnet der den Winkel zum nächsten Zwischenziel darstellt.

„Im Idealfall können so schräge Ebenen leicht überwunden werden" (/03/). Durch die nötige Zerlegung der Strecke in Teilstrecken führt dies jedoch leider nicht zu einer Verkürzung der Zeitspanne die für den Weg vom Start- zum Zielpunkt benötigt wird. „Leider ist durch die Wegzerlegung eine Regelung nur an bestimmten Punkten möglich, weshalb immer nur mit einer Zeitverzögerung auf die gemessenen Werte reagiert werden kann" (/03/). Eine Verkleinerung dieser Verzögerung wäre durch eine Verschlechterung der Datenfilterung möglich, dies würde jedoch zu einer Verschlechterung der Regelungsqualität führen und ist daher nicht akzeptabel.

### 4.4.3 Algorithmus 3

Dieser Algorithmus ist vergleichbar aufgebaut wie der Algorithmus 2, allerdings wird hier nicht der Winkel $\alpha$ berechnet sondern direkt der Koordinatenwert des nächsten Punktes.

## 4.5 Vergleich der Messwerte

Algorithmus 1 zeigt bei einem Anstieg von 0° seine Stärken. "Es muss lediglich zu Beginn der Kraftwert in das Akzeptanzintervall eingeregelt werden, danach kommt es kaum noch zu Korrekturen." (/03/). Dadurch erreicht der Algorithmus fast die selbe Zeit die bei ungeregelter Bewegung zu erwarten wäre.

Bei den Winkeln 5° bzw. 10° ändert sich dies jedoch sehr stark. Hier muss so oft gegen-geregelt erden dass die Zeitspanne für die Wegstrecke auf mehr als das 10fache der un-geregelten Bewegung nach oben schnellt. Dies ist für die praktische Anwendung absolut inakzeptabel.

Der Algorithmus eignet sich für Winkel bis zu ca. 5°. Da solche äußeren Randbedingungen in der Praxis nicht sichergestellt werden können ist der Algorithmus nicht zu gebrauchen.

Algorithmus 2 leistet leider nicht das gewünschte. Es kommt leider nur zu einem sehr langsamen einregeln auf die gewünschten Anstiege. Durch die Bewegungszerlegung steigt außerdem die Bearbeitungszeit im Vergleich zur nicht zerlegten Strecke stark an. Der Algorithmus ist daher im praktischen Gebrauch ebenfalls nicht zu gebrauchen.

Positiv ist lediglich zu vermerken dass die Bearbeitungszeit bis ca. 20° Anstiegswinkel nahezu unabhängig vom Winkel ist.

Besser läuft es mit dem dritten Algorithmus. Dieser erreicht schnell sein Regelungsziel und bewegt sich danach mit sehr kleiner Kraftabweichung zum Zielpunkt. Zwar gibt es eine Regelungsabweichung, aber diese sind bis 10° in einem niedrigem Rahmen. Da der dritte Algorithmus außerdem den mit abstand genauesten Wegeverlauf der drei getesteten Algorithmen hat verspricht er die besten Voraussetzungen für einen Einsatz in der Praxis.

# 5. Weiteres Beispiel für eine Hybridregelung

In einem IEEE-Aufsatz stellen Di Xiao, Bijoy K. Ghosh eine sensorbasierte Hybridregelung für einen Roboter vor. Ziel ist es hierbei – ähnlich wie in dem unter 4. vorgestelltem Projekt – von Roboter einen Gegenstand über eine unbekannte Oberfläche bewegen zu lassen. Praktische Einsatzmöglichkeiten für diese Steuerung könnten z. B. das Zuschneiden von

Materialien sein oder das Schweißen von Gegenständen mit unbekannter Form. Dies soll in dieser Arbeit jedoch neben der Kontrolle durch Kraft-Momenten Sensoren zusätzlich mit der Hilfe einer Kamera gesteuert werden.

Wegen der immer komplizierter werdenden Einsatzzwecke von Robotern wird es immer wichtiger diese mit mehreren verschiedenen Sensoren auszurüsten. Dies ist vor allem nötig um Roboter in unbekannten oder sich verändernden Umgebungen einsetzen zu können ohne dabei von außen in die Steuerung eingreifen zu müssen. Zu diesem Zweck wurde von oben genannten Autoren eine Multi-Sensor basierte Steuerung entwickelt.

Der Steuerungsalgorithmus nutzt den Kraftsensoren des Roboters und die Kamera parallel. Der Kraftsensor wird eingesetzt um den Kontakt zur Oberfläche beizubehalten, die Kamera wird eingesetzt um den Roboterarm über die Oberfläche zu führen. (/07/).

Der Aufbau der Steuerung basiert auf der in 3.3. vorgestellten hybriden Steuerung. Als Veränderung gegenüber Abb. 10. lässt man die Rückkopplung des Lagewertes allerdings nicht direkt in die Lageregelung einfließen sondern verarbeitet sie zuerst mit den Messwerten vom Kraftsensor und der Kamera. Die Vorgabe der Lage von außen fällt weg da dieser Algorithmus seine Umgebung selbst erkennt.

# Anhang: Literaturnachweis

/01/   Weber, Wolfgang: Industrieroboter - „Methoden der Steuerung und Regelung", Fachbuchverlag Leipzig, 2002

/02/   Osswald, Dirk; Yigit, Sadi; Kerpa, Oliver; Burghart Catherina; Wörn, Heinz: „Arm-Hand-Koordination eines anromorphen Roboterarms zur Mensch-Roboter Kooperation", Universität Karlsruhe

/03/   Göhlert, Thomas: Projektarbeit „Kraftgeregelte Grobbewegungen", Universität Kaiserslautern

/04/   Dessaint, Louis-A ; Saad, Maarouf; Hebert, Bernard; Al-Haddad, Kamel: „An hybrid controller for a SCARA robot: analysis and simulation"

/05/   Sciavicco, L; Silciliano, B.: „Modeling and Control of Robot Manipulators", Springer Verlag, 4. Auflage 2003

/06/   Yoshikawa, Tsuneo; Sudou, Akio: „Dynamic Hybrid Position/Force Control of Robot Manipulators – On-Line Estimation of Unknown Constraint", IEEE transactions on robotics and automation, Vol. 9, No. 2, April 1993

/07/ Xiao, Di; Gosh, Bijoy K.; Xi, Ning; Tarn, T. J.: „Sensor-Based Hybrid Position/Force Control of a Robot Manipulator in an Uncalibrated Enviroment", IEEE Transactions on Control Systems Technology, Vol. 8, No. 4, July 2000.

Alle Abbildungen wurden vom Autor selbst erstellt.

www.ingramcontent.com/pod-product-compliance
Lightning Source LLC
La Vergne TN
LVHW042320060326
832902LV00010B/1623